Wenn Alles Sein darf wie es IST...

Leben aus der Sicht der Liebe

Ein Auszug
aus unseren morgendlichen
Early Bird
Hineinführungen / Meditationen
in dieses Thema.

Ein großes Licht ist sich gerade am Entwickeln.

*Ist sich in uns,
gleichzeitig im ganzen Kosmos liegend,
Tief in allem liegend,
am Entwickeln.*

Ganz ganz hohe Kräfte sind sich dadurch am Bilden.

*In diesem Sinne,
außergewöhnliche Kräfte.*

*Und das Leben will,
dass wir uns diesen außergewöhnlichen Kräften
öffnen.*

Impressum

Bibliografische Information der Deutschen
Nationalbibliothek:
Die Deutsche Nationalbibliothek verzeichnet diese
Publikation in der Deutschen Nationalbibliografie;
detaillierte bibliografische Daten sind im Internet über
http://dnb.dnb.de abrufbar

© 2022 Karoline Steinmann Frey
Spirituelles Zentrum Rheinschlucht
CH - 7104 Versam
www.spirituelleszentrum.ch

Weitere Mitwirkende:

Fabia Caminada - Spirituelles Zentrum Rheinschlucht

Painting & Foto von **Avtandil Gurgenidze ART.**
@avtandilgurgenidzeart
#avtandilgurgenidzeart

Herstellung und Verlag:
BoD – Books on Demand, Norderstedt

ISBN **9783755748014**

Über diese Schrift

Diese Schrift, Aufzeichnung führt uns in das Feld, in das Bewusstsein der bedingungslosen Liebe hinein. Und lässt uns dafür ein Gefühl, eine Wahrnehmung für dieses Bewusstsein, diese Wahrnehmung, diese Energie, diese Sichtweise, dieses Wissen bekommen.

Auf klare, wertfreie und berührende Art wird der Leser durch die jeweiligen Licht-Botschaften in dieses Geheimnis, wo ALLES Sein kann wie es IST, hineingeführt.

Wenn Alles Sein darf wie es IST...

3

Über die aktuelle Zeit

Außergewöhnliche Kräfte sind durch das ganze Weltall, den ganzen Kosmos, den ganzen Weltraum am Stoßen. In die verschiedensten Richtungen am Stoßen. Und darüber will es etwas berichten...

Es will uns über die Art des Fühlens berichten. So, dass wir diese Kräfte, diese gigantischen Bewegungen, die da aktuell am Laufen sind, auch in uns Menschen am Laufen sind, durch unser körperliches Sein, Geist Sein, Bewusstsein Sein, hindurch laufen lassen können.

So, dass wir selber nicht immer wieder mal Anstoßen.

Das Leben will, dass wir uns öffnen.

In diesem Sinne gefühlt, wahrnehmend Eins Eins Seiend, mit den Tief in allem liegenden Geschehnissen sind.

Teil sind. Transmitter sind. Durchlasser sind. Keine Festhalter mehr sind. Bzw. Festhaltungen mehr sind.

Alles muss durch uns hindurch laufen. Auch durch unsere Art der Wahrnehmung hindurch laufen. Und wir können nichts mehr halten. Fest Halten.

Und an dies Müssen wir uns gewöhnen.

Wenn Alles Sein darf wie es IST...

4

Dieses Buch richtet sich an,

dein Ganzes Sein.

deinen Fest-Stofflichen Körper,

so wie an deinen Fein-Stofflichen Körper.

Deinen Verstand, dein Denken,

dein Mindset, deine Sichtweise,

deine Verhaltensmuster, deine Handlungsweisen,

deinen Körper, deinen Geist,

dein Herz, deine Seele,

deine Energie, dein Bewusstsein,

deine Liebe,

dein Licht Sein.

An deine ureigenste,

in dir liegende Wahrheit.

Amen

Wenn Alles Sein darf wie es IST...

Diese Schrift ist durch das morgendliche Zusammen Kommen entstanden, um gemeinsam in das Feld wo Alles Sein kann wie es IST, hinein zu gehen.

Es ließ uns in das tiefliegende, hinter allem stehende Bewusstsein hineinhorchen, da, wo Alles Sein Kann, wie es IST. Ja sogar Sein soll, gewollt so sein soll wie es IST, hineinhorchen.

Dadurch kommt ein ganz anderes Lebensverständnis zu Tage. Ja, ein **Lebens-Verständnis**, welches Alles einbezieht was IST.

Allem den Raum schenkt. Lebensberechtigung, Daseinsberechtigung schenkt.

Diese Botschaften, Meditationen sind geschriebene Hineinführungen in das Geheimnis der Existenz. Eine Hineinführung führt dich, sofern du es zulässt, mit all deinen Sinnen, deinen Fest- und Fein-Stofflichen Sinnen in das Geheimnis hinein und lässt dich dieses auf allen Ebenen deines Seins erfahren - Ganzheitlich erfahren.

Vielleicht kannst du zu Beginn nicht gerade alles verstehen. Doch immer mehr wirst du, in die hinter allem stehenden Zusammenhänge sehen und diese immer mehr in dir verstehen. Ganzheitlich verstehen.

Dies ist von großer Bedeutung. Denn ohne das gefühlte Sehen kannst du nicht die ganzen Zusammenhänge sehen. Die Welt nicht in ihrer Einzigartigkeit und Ursprünglichkeit sehen.

Wenn Alles Sein darf wie es IST...

Dieses Buch bereitet dich...

Auf ein im und aus dem Bewusstsein der bedingungslosen Liebe vor.

Und du wirst da hineingeführt, sofern du es zulässt, wo du ein Gefühl, ein Bewusstsein dafür bekommen kannst, wie es sich anfühlt, wenn in dir kein Widerstand mehr gegen irgend etwas IST.

Wenn in dir gefühlt **Alles Sein kann wie es IST**.

Dies bedarf einer völlig anderen Sichtweise, wie der bisherigen dualen Sichtweise. Und dafür musst du in deiner Ganzheit, also auch mit deinem Verstand in dieses Bewusstsein und das damit einhergehende Wissen, Wahrnehmen und Weltenschauen kommen. So, dass kein Widerstand und Widerstreit mehr in dir IST. Reine Zulassung in dir IST. Und dies bedarf deiner Grösse und Stärke. Nicht mehr Kleinmachend oder Dominant kannst du Sein. Und dies verändert nicht nur deine Welt.

Leben im und aus dem Bewusstsein der bedingungslosen Liebe, macht es uns Menschen möglich, unserer Kultur und unserem kollektiven Bewusstsein möglich, dass sich ein Jeder Mensch, in seinem Kern zutiefst gesehen und in seinem So Sein, wahrgenommen fühlen kann. Was Jedem von Grund auf ein völlig anderes Leben ermöglicht, weil da kein Gegeneinander, kein Lästern, Belächeln, kein Beweisen mehr ist.
Auf genau dies dürfen wir uns täglich Einstimmen. An dies dürfen /müssen wir uns Gewöhnen und auf diese Erde bringen.
Wenn Alles Sein darf wie es IST...

7

Wenn Alles Sein darf wie es IST...

8

Inhalt

Wenn Alles Sein darf wie es IST...

9

Wenn Alles Sein darf wie es IST...

10

Wenn Alles Sein darf wie es IST...

11

Wenn Alles Sein darf wie es IST...

Wenn Alles Sein darf wie es IST...

13

Wenn Alles Sein darf wie es IST...

14

Warum dieses Buch so kostbar ist...

Weil es dir Gutes tun kann. Weil es aus dem Bewusstseins-Feld der Liebe zu dir spricht. Weil es dich eigenständig in eine ganz andere Da-Seins-Welt führt. Eine Welt zum Wohle Aller.

In dieser Da-Seins-Welt gibt es keine Unterordnung oder Überordnung. Keine Wertung, Verurteilung, Täuschung, Trennung oder Abgrenzung. In dieser Welt kann Alles sein was IST. Miteinander, Nebeneinander, Durcheinander. Nicht mehr und nicht weniger.

Das ist das Bewusstsein - die Welt vom alten Paradies. Das ist das Leben, so wie es im Ursprung geschaffen IST.

An genau dies dürfen wir uns erinnern. In dieser Da-Seins-Welt dürfen wir Menschen uns begegnen - in unserem Ursprung. Denn das vereinigt und beseelt uns.

Wenn Alles Sein darf wie es IST...

15

Wer schrieb dieses Buch?

Mein Name ist Karoline Steinmann Frey. Als Mystagogin und Licht-Botschafterin erhalte ich Botschaften zum Leben auf der Erde aus dem Licht – aus der Sicht der Liebe.

Diese Licht-Botschaften sind nicht von mir als Mensch geschrieben. Sie wurden lediglich durch mich gesprochen und aufgeschrieben.

Die Licht-Botschaften wurden von mir so weitergegeben, wie sie zu mir gekommen sind. Unzensuriert durch Rechtschreiberegeln. Um gewisse Worte in ihrer Ausdruckskraft zu unterstützen, sind sie in einer Art von Kunstschreibweise geschrieben.

Wenn Alles Sein darf wie es IST...

Über die in diesem Buch vorkommenden Licht-Botschaften

- Diese Licht-Botschaften bringen uns einerseits unsere in die Irre führenden gesellschaftlichen Verhaltensweisen näher.

- Anderseits zeigen sie uns auf, weshalb wir bei nicht auf Liebe basierenden Verhaltensweisen, immer wieder im Widerstreit mit uns und anderen Menschen sind.

- Im Weiteren teilen sie uns mit, was jeweils hinter einem vordergründigen Thema steht, und wie wir uns auf einfache Art daraus befreien können ☺

- *In dieser Schrift sind die Licht-Botschaften in Kursiv Schrift.*

Wenn Alles Sein darf wie es IST…

Die Licht-Botschaften kommen in Licht-Sprache daher

Dies ist eine Form der Ur - oder Seelensprache, die direkt mit unseren Zellen kommuniziert und uns eine Wieder- bzw. Neuorientierung in den Ur-Frequenzen ermöglicht. Es ist eine zutiefst liebevolle, einladende und klingende Sprache.

Eine Sprache, die in unserem Kulturkreis längst vergessen wurde.

Es ist Zeit, dass diese verstummte Stimme von uns wieder erhört wird.

Die Licht-Sprache lässt uns bedeutungsvolle Botschaften für unser Leben auf Erden zukommen.

Sie lässt uns „nach Hause" kommen.

In die Lebenshaltung der Liebe - des Lichts. In unser ureigenstes Sein.

Wenn Alles Sein darf wie es IST...

18

Naturbelassene Poesie

In poetischer Versform sprechen die Botschaften durch ihren Klang und ihre Schwingung direkt mit unserem Unterbewusstsein. So beziehen sie unser ganzes Mensch Sein ein.

So werden sie von uns auf ureigenste Weise gefühlt und verstanden - und ermöglichen uns tiefe Einsicht in Themen die für uns Menschen von WIRKLICHER Bedeutung sind.

Auf diese Art lüften die Licht-Botschaften in uns den Schleier der unbewussten, persönlichen Kleinhaltung.
Sie führen uns in eine übergeordnete Seins-Weise, die die Welt aus den Augen der Liebe, des Lichts und der Verbundenheit sieht.
Sie stärken unser Bewusstsein für das Leben wie es WIRKLICH IST.

Wenn Alles Sein darf wie es IST...

19

Zu innerer Wahrheit & Klarheit

Das Lesen dieser Licht-Botschaften ist viel mehr als die Inspiration eines schönen Gedichtbands.

Es ist ein konkreter Wegweiser zu innerer Klarheit und Wahrheit.

Weil sie dich mit deinem tief in dir liegenden Wissen in Verbindung bringen.

Weil sie dich in das Geheimnis der Existenz führen.

Wenn Alles Sein darf wie es IST...

„Es ist ein Licht zum Wohle aller
weil es alles so sieht wie es IST

nicht wie es von den Menschen gedacht
oder gemacht ist

du bewegst dich dann so
hinter allem was IST

du bewegst dich so nicht in Verurteilungen
Ansichten

du bewegst dich dadurch eine Stufe
weiter hinten

hinter allem was IST
so wie es ursprünglich gedacht IST

ohne die klein machende
und unterteilende menschliche Sicht"

Ich wünsche dir kostbare Momente mit diesem Buch.
Und dabei, die Erkenntnisse in dein Leben zu tragen. Für
dich.

Von Herzen

Karoline Steinmann-Frey

Wenn Alles Sein darf wie es IST...

21

Wenn Alles Sein darf wie es IST...

22

Alles Sein darf Sein wie es IST

Teil Eins der Hineinführung

Ist das Liebe

Ist das das Feld von der Liebe,
wo kein Widerstreit mehr ist?

Auch in eurem Hirn kein Widerstreit mehr ist?
Wo kein Widerstreit mehr ist.

Alles IST.

Alles ist einfach da.

Alles.
Ich meine Alles.

Und du beginnst zu fühlen,
dass da IST,
Alles IST
und gleichzeitig in dir kein Widerstreit mehr ist.

Dass du zur Ruhe hast gefunden.

Wo du hast gefunden,
zur inneren Anerkennung hast gefunden,
dass dies so ist.

Alles gleichwertig existent IST

Wenn Alles Sein darf wie es IST...

23

Und du schaust noch,
was macht das in dir,
wenn da ist,
keine Gedränge mehr ist.

Kein Gezwänge mehr ist.
Kein gegen irgend etwas mehr eine Auflehnung ist.

Wenn du einfach spürst,
Tief in dir liegend spürst,
dass da ist,
alles einfach nur IST.
Selbstverständlich IST.

Und du gehst da noch weiter hinein,
in dieses Bewusstsein hinein,
wo **Alles Sein kann wie es IST**.

Und du lässt dich kommen,
da kommen,
noch inniger in diese Gewahrseiung kommen.
In diese Zulassung kommen.
Ja, in diese Zulassung.

Und da ist nichts mehr,
an dem du dich stoßen kannst.

Nichts mehr,
über das du reden kannst.
Weil du da bist,
im Raum der Liebe bist.

Wenn Alles Sein darf wie es IST...

In diesem Bewusstsein bist.
In dieser Schwingung.
In dieser Energie.

Die so was von weich.
Die so was von liebevoll.
Die so was von zärtlich.
Allem gleich gesinnt.
Allem.

Allem gleichgesinnt

Da kannst du nicht mehr halten,
die Polarität in dir aufrechterhalten.

Weil du da kommst,
in die Gleichschwingung hinein kommst.
Gleichschwingung wirst.
Gleichschwingung bist.

Kein Ansatz mehr
von einem dafür oder dagegen
spürbar in dir ist.

Nicht mehr deine Realität ist.
Weil du hast gewechselt,
in das Bewusstsein der Liebe gewechselt.

In das Feld der Liebe gewechselt,
*wo **Alles Sein kann wie es IST.***

Dies reine Liebe IST

Wenn Alles Sein darf wie es IST...

Reine Zusprache,
dass du bist,
dass alles ist,
genauso wie du selber bist,
alles auf dieser Erde ist,
alles im Kosmos ist,
alles Liebe ist.

Nichts ist da falsch gelegen.

Gar nichts.

Alles in dir kommt in diese Schwingung hinein.
In dieses Bewusstsein hinein.
In diese Schwingung hinein.

Jede Zelle nimmst du hinein,
in dieses Bewusstsein hinein.

Jeder Anteil darf sein,
in diesem Bewusstsein sein.
Da muss nichts zurückgelassen sein.

Und auf einmal kann da sein,
nichts mehr dual in dir gelegen sein.
Auf einmal wirst du genommen,
vollends da hineingenommen.

Und du schwingst mit,
mit diesem Bewusstsein mit.
Mit diesem Energiefluss mit,
wenn **Alles Sein kann wie es IST.**

Wenn Alles Sein darf wie es IST...

Spürst du diese Liebe die da ist?

Spürst du diese Schwingung die da ist?

Keine Auflehnung da mehr ist.
Kein Gut heißen.
Alles ist, gleichwertig ist.

Und da rutscht ihr hinein,
noch mehr,
noch weiter in dieses Verständnis,
Lebensverständnis,
Daseinsverständnis,
in dieses Bewusstsein hinein.

Widerstandlos gleitest du da immer weiter hinein.

Wenn Alles Sein darf wie es IST...

27

Wenn Alles Sein darf wie es IST...

Teil Zwei der Hineinführung

Alles darf Sein

Alles darf Sein,
heißt gleichzeitig auch,
ich darf mit mir in völliger Gleichschwingung sein.

Und da lässt ihr ziehen,
lassen wir ziehen,
einfach diese Gleichschwingung ziehen,
in uns einziehen.

In sämtlichen Gefilden.
In sämtlichen Wohnräumen einziehen.
In sämtlichen Bewusstseinsräumen einziehen.

Und dadurch lösen wir uns ab,
Gleichzeitig ab,
gleich von Festhaltungen ab.

Wir können nicht sein,
in einer Festhaltung sein,
und gleichzeitig innerlich in einer Gleichschwingung sein.

Könnt ihr spüren?

Und schon lassen wir uns sein,
in dem Raum der Gleichschwingung sein.

In dem Raum,
wo Alles sein darf.

Wenn Alles Sein darf wie es IST...

29

Sein darf,
in seinem Ursprung,
in seiner Ursprünglichkeit sein darf.

Wo Alles frei schwingen darf.

Losgelassen.
Losgelassen wie im Weltall losgelassen.

Gleichzeitig auch Du losgelassen.

Auch Du losgelassen,
wie im Weltall losgelassen.

Sowas von frei

Ich meine frei.

Und du atmest auf.
Unendlich auf.

Denn wir haben gefunden,
den Weg,
aus den Anbindungen,
Anhaftungen gefunden.

Da wo wir können sein,
in unserem Ursprung,
einfach mit uns Dasein.
Gefühlt Eins Seiend mit uns Dasein.
Unser Embryo Sein,
im Weltall sein.

Wenn Alles Sein darf wie es IST...

Da wo wir werden genährt,
vom Ursprung genährt.

Da wo ist,
keine Entzweiung ist.

Da wo ist,
selbstverständliches mit sich Dasein ist.

Ein anderes mit sich Dasein ist

Ein ganz anderes mit sich Dasein ist.

Ein vollends genährt sein ist.
Ein vollends tiefes genährt sein,
versorgt sein,
ich meine rundum versorgt sein.

Und da,
genau da kannst du lassen,
dich selber,
sowas von in Ruhe lassen.

Das heißt,
dich frei wachsen lassen.

Nach deiner Grundstruktur,
nach der du geboren,
dich da drin,
frei wachsen lassen.

Und dies,
weil Alles sein kann.

Wenn Alles Sein darf wie es IST...

Du dich um nichts mehr kümmern musst.
Um nichts mehr tun musst.

Weil du spürst,
dass da ist,
einfach Alles ist.

In diesem Sinne ist,
auch völlig egal ist.

Auf eine ganz bestimmte Art und Weise,
völlig egal ist.

Und du widmest dich vollends deinem Erblühen

Deinem,
dich von ganz innen heraus,
entfalten lassen.

Dir einfach den Raum lassen,
im Raum,
wo Alles sein kann,
sein darf.
Gewünscht ist.
Geliebt ist.
Willkommen ist.
Mitten im Weltall seiend du bist.

Fühl

Fühl diese Weite.
Diese Schwingung,
die da ist.

Wenn Alles Sein darf wie es IST...

Diese Atmosphäre.
Fühl dein körperliches mit Dir Dasein.

Fühl in dieser Weite,
wie da hat,
dein körperliches Dasein
Raum hat.
Schwingung hat.
Eine Form von Leichtigkeit hat.

Fühl.
Fühl.

Und wir werden getragen,
in das Feld der bedingungslosen Liebe getragen.

Da wo sein kann,
Alles sein kann wie es IST.
Wie es in seinem Ursprung geboren.

Und du dehnst dich aus,
in diesem Bewusstsein der bedingungslosen Liebe aus,
noch mehr aus.

Und es kommt dir entgegen,
noch mehr Lichtbewusstsein entgegen,
weil du hast gegeben,
die Zulassung gegeben.

Alles darf sein

Alles darf sein auch auf Erden sein.
Alles darf sein.

Wenn Alles Sein darf wie es IST...

33

Und du gehst in keine Anbindung mehr hinein.
Und du kannst nicht mehr reagieren.
Und du magst nicht mehr reagieren.
Und auch dein Körper will nicht mehr reagieren.

Gelassen Du bist

Gelassen

Amen

Hier kannst du dich lassen,
frei schwingen lassen,
weil du nicht mehr meinst,
du müsstest reagieren.

Weil du spürst,
dass dies ist,
nicht dein wahres Dasein ist,
dieses Hickhack ist.
Und schon lässt du los,
du lässt gehen,
das Hickhack gehen.

Dieses ständige Ziehen,
in dir ziehen.

Dieses ständige Unbewusste,
irgendwohin gezogen werden.

Weil du hast verloren,
in diesem Sinne verloren,
deine Grundorientierung verloren,

Wenn Alles Sein darf wie es IST...

um was es geht,
in deinem Leben WIRKLICH geht,
hast verloren.

Und du lässt ziehen,
das ganze Spektakel ziehen,
an dir vorbeiziehen.

Alles ist

Alles ist.
Und da kann sein,
auch ein Spektakel sein.
Doch du musst nicht mehr Teil
von diesem Spektakel sein.

So einfach gelegen.

Nur weil du spürst,
dass du bist,
im Grunde bist,
ein reiner Wachstumsorganismus bist,
im Bewusstsein der bedingungslosen Liebe bist.

In dieser Gleichschwingung bist.

Liebe Gottes IST

Das Feld der Liebe IST,
der bedingungslosen Liebe,
Reines Schöpfungspotential da ist.

Wenn Alles Sein darf wie es IST...

Fühl wie leicht du bist.
Wie getragen.
Wie behütet.

Ein unendlicher Raum da ist,
in dir ist,
um dich herum ist.

Das reinste Liebesfeld da ist

Und du beginnst dich zu verlieren,
in diesem Liebesfeld zu verlieren.
Aufzulösen
was da noch war,
an eine ganz bestimmte Sichtweise,
in dir gebunden war.
Amen

Wo immer Du bist,
heute bist,
lass dich getragen sein,
gefühlt in dieser Weite sein.

Und du kannst dich nicht mehr komprimieren.
Und du musst dich nicht mehr komprimieren.

Spürst du?

Lass dich weit sein

Offenen Herzens
für dein mit Dir Dasein,
gefühlte bedingungslose Liebe sein.

Wenn Alles Sein darf wie es IST...

Lass dich sein,
genau Dafür,
offenen Herzens,
mit Dir im Tag sein.

Amen

Wo immer Du bist,
du lässt dich fühlen,
die Weite in Dir fühlen.

Die Weite in deinen Knochen fühlen.
Die Weite in deinen Gelenken fühlen.
Die Weite in deinen Muskeln fühlen.
Die unendliche Weite,
in deinen Organen fühlen.

Du lässt Dir Raum

Du lässt deinem Schauen Raum.
Unendlichen Raum.

Du lässt deinem Bewusstsein Raum.
Unendlichen Raum.

Und du lässt dem ganzen Feld,
rund um dich herum Raum.

Unendlichen Raum.

Nichts willst du haben,
an einem ganz bestimmten Ort haben.
Nichts.

Wenn Alles Sein darf wie es IST...

37

Alles schwingt

In diesem Raum schwingt.

Unabhängig von dem,
was du je meintest,
was du irgendwo willst haben.

Das Gesetz der Schwerelosigkeit

ist da am Wirken.
In Dir,
in Uns,
am Wirken.

Amen

Wenn Alles Sein darf wie es IST...

Wenn Alles Sein darf wie es IST...

39

Wenn Alles Sein darf wie es IST...

Teil Drei der Hineinführung

Ihr dürft euch sammeln

Ein jedes darf sich sammeln.
Ein jedes darf sich sammeln

Ein Jedes ein Jeder darf kommen,
mit sich in diesen Raum kommen.

In den Raum,
wo Alles Sein darf wie es IST.

In dieses Energiefeld.
In dieses Bewusstsein.

Lasst euch dies fühlen.
Von innen nach außen gehend fühlen.

So, dass ihr könnt kommen,
in eurer Ganzheit da hinein kommen.
In dieses Feld kommen.
In diese Schwingung hinein kommen.

Auch euer körperliches Sein.
Auch eurer körperliches Sein vollends kann Sein,
in dieser Schwingung sein.
In dieser Einlassung

Denn es bedarf der Einlassung

Es bedarf der Einlassung von deinem ICH Bewusstsein.
Von deiner ICH Seins Weise.

Wenn Alles Sein darf wie es IST...

Du darfst lassen,
deine ICH Seins Weise,
da vollends hinein ziehen lassen.
In diese Schwingung.
In diese Dusche.

Ja, eine Art Dusche dies ist.
Eine morgendliche Dusche.

Spürst du?

Da werden gewaschen,
die Wertungen abgewaschen.
Bis alles in dir Sein kann,
was IST.

Schwingt da hinein.
Vollends hinein.
Auch mit euren körperlichen Zurückhaltungen,
Festhaltungen,
Schwingt da hinein.

Lasst ziehen,
euer ganzes mit euch Dasein da hinein ziehen.
Um zu kosten,
dieses Bewusstsein
vollends zu kosten.

Bis du bist nicht mehr dual gelegen bist

Nicht mehr einseitig bist.
In deiner Ganzheit da bist.

Amen
Wenn Alles Sein darf wie es IST...

Vollends in Ruhe gelassen,
dehnst du dich aus,
in diesem Bewusstsein aus.

Dein Körper gelassen,
in Ruhe gelassen.

Dein Atem frei einatmend dieses Bewusstsein.
In jede Zelle
Einatmend.

Spürt ihr das Feld wo alles sein darf wie es IST

Spürst du,
dass du bist,
Teil davon bist?

Teil.

Spürst du, dass deine Zellen darum wissen,
Tief in dir um dieses Bewusstsein,
um dieses Dasein,
Wissen.

Auch euer Hirn darf Sein,
in diesem Bewusstsein gebadet sein.
Auch dein Hirn.

Deine Augen.
Deine Ohren.
Deine Kehle.

Wenn Alles Sein darf wie es IST...

Dein Herz.
Deine Lungen.
Dein Puls.

Und immer mehr kommst du da hinein

In diese Schwärze hinein.

In dieses Bewusstsein.
In dieses Gefilde hinein,
dass so was von weit.
Dass so was von Großzügig ist.
Gleichzeitig dankbar ist.

Dankbar, dass da Alles so IST wie es IST

Ja dankbar,
dass Alles so IST wie es IST.

Dass dieses Licht ist.
Dass dieses Bewusstsein ist.

Dass diese Kraft ist,
wo alles hat,
seinen Platz hat.
seinen Raum hat.

Und nichts mehr muss sein,
ausgestoßen sein.

Spürst du?

Wenn Alles Sein darf wie es IST...

Fühl diesen Raum.
Dieses Gefilde wo Alles sein darf wie es IST.

Fühl.
Tiefe Anerkennung selbstverständlich ist.
Tiefe Zulassung in allem ist.

Tiefes sein dürfen,
im Kerne gelegen ist.

Und immer mehr,
kommst du da hinein.
Immer mehr wächst du da hinein

Immer mehr.

Alles darf sein

Unabhängig dessen,
wo du gerade bist.

Spürst du?

Da kann es...
Laut sein / Still sein
Hektisch sein / Ruhig sein

Um dich herum kann Alles Sein.
Darf Alles Sein.
So wie es gerade IST.

Und du spürst tief in dir liegend,
dass dem so IST.

Wenn Alles Sein darf wie es IST...

45

Dass du auf nichts mehr musst reagieren.
Kannst reagieren.

Weil du spürst,
dass dies ist,
so wie es ist,
vollends in Ordnung ist.

Ein Ausdruck des Lebens auf Erden ist.
Ein Ausdruck.
Mehr nicht ist.

Eine Form die da gerade kommt,
zum Ausdruck kommt.

Eine Energie.
Eine Kraft.
Ein Bewusstsein,
das auch hat,
seinen Raum hat.
Seinen Platz hat,
in diesem Bewusstsein hat,
wo Alles sein darf Wie es IST.

Amen

Ein Bewusstsein dies IST

Fühlt dieses Bewusstsein.
Fühlt.

Fühlt dieses Sein dürfen.

Wenn Alles Sein darf wie es IST...

Dieses ganz tief in allem liegende
einfach Sein dürfen.

Schenkt Raum.
Euch selber Raum,
in diesem Raum,
mit euch selber sein dürfen.

In dieser Energie baden.
In dieser Energie sich ausdehnen dürfen.

Zutiefst herzhaft sich ausdehnen dürfen.

Weil du spürst,
dass du hast,
Raum hast.
Leben hast.

Ja, Lebensberechtigung hast.

Dass du gewollt bist

So wie du bist,
gewollt bist.

In deinem Kerne gesehen bist.

Dass du dich nicht mehr musst grämen,
wenn du dich nicht mehr willst grämen,
weil du gefühlt,
gesehen,
Wahrgenommen bist.

Wenn Alles Sein darf wie es IST...

Genau so,
bis ins Tiefste,
bis ins Kleinste hinein,
bis ins Unendlichste hinein,
geatmet bist.

Ich fühle mich.
Ich atme mich.
Ich sehe mich bis ins Kleinste hinein.

Und immer mehr nehme ich ein,
Raum ein.

Von innen herkommend.
Von tief herkommend,
Raum ein,
in mir ein.
In diesem Dasein ein.

Gleichzeitig in diesem Bewusstsein sein ein.

Immer mehr wachse ich da hinein
Immer mehr

Amen

Wenn Alles Sein darf wie es IST...

Lasst euch so frei gelassen,
zutiefst frei gelassen,
heute in jedem Moment Dasein.

Raum Seiend.

Anerkennend,
dass da hat,
Alles seinen Raum hat.

Amen

Wenn Alles Sein darf wie es IST...

Wenn Alles Sein darf wie es IST...

50

Teil Vier der Hineinführung

Lasst wirken

Lasst wirken,
das Feld wirken.

Das Feld.
Das Feld,
Wirken.

Das Feld,
das hat,
in sich hat,
eine unendliche Ausdehnung hat.

Lasst wirken.

Wir lassen uns also wieder alle zusammen kommen,
in dieses Feld kommen.

In dieses gigantische Bewusstsein kommen.
In diesen unendlichen Raum kommen,
der Raum hat.

Der in sich Raum hat,
*das **Alles Sein darf wie es IST.***

Das Alles sogar sein SOLL, wie es IST.

Genau da drin gelegen,
diese unendliche Liebe gelegen.

Wenn Alles Sein darf wie es IST...

51

Dieses unendlich tief in allem liegende Glücksgefühl gelegen.

Genau da,
*dass **Alles genau so Sein soll wie es IST.***

Nichts,
nichts anders Sein SOLL.

Genauso gewünscht ist, wie es ist.

Spürst du?

Und was macht das in dir,
mit dir,
wenn du da nicht mehr kannst dagegen halten.

Wenn du da nicht mehr musst dagegen halten.
Weil du in diesem Sinne hast,
auch nicht die Kraft hast.

Ja nicht die Kraft hast,
Gegen dieses Bewusstsein,
Gegen diese Liebe,
anzukämpfen.

Spürst du?

Die Liebe

Die bedingungslose Liebe ist,
eine ausdehnende Kraft.

Wenn Alles Sein darf wie es IST...

Sie beinhaltet Wärme.
Zusage.
Ausdehnung.

Innere Ausdehnung.
Innere Wärme.
Innere Zusage.

Und je mehr du kommst,
in diesen Raum kommst,
in dieses Bewusstsein kommst,
je mehr beginnst du dich auszudehnen.

Und du kannst nicht mehr ankämpfen

Weil dies nicht gelegen,
in diesem Sinne,
in dir gelegen.

Du musst also lassen,
dein Ankämpfen lassen.

Und du musst dich lassen,
vollends lassen,
in dieses Bewusstsein,
in diese Schwärze,
hinein lassen.
In diesem Raum,
*wo **Alles Sein soll wie es IST.***

Nichts anders sein soll.
Lass dies wirken.

Wenn Alles Sein darf wie es IST...

53

In euren Herzen wirken.
In euren Hirnen wirken.
In eurem körperlichen Sein wirken.

So, dass diese Zulassung,
diese ganz ganz tiefe innere Zulassung,
in euch auch körperlich kann sein.

In euch auch geistig kann sein.
Und vor allem auch in eurem Mindset (Denkweise)
kann sein.

Atmet ein,
diese Weite ein,
dieses Bewusstsein Sein.

Bis du spürst,
vollends spürst.
Mittig in dir spürst,
dass du bist,
dieses Bewusstsein bist.

Das Feld der Liebe bist

In deiner ganzen Gestalt,
dieses Feld bist.

Amen

Wenn Alles Sein darf wie es IST...

54

Und wir dehnen uns aus,
in dieser Schwärze aus,
die da ist,
in diesem Sinne,
gerade in und um uns ist.

Wir dehnen uns aus.
Da wo wir können haben,
keine Anhaftung mehr haben.

Kein noch so kleines,
sich an irgendetwas festhalten können,
haben.

Da wo ist gegeben,
Einem jeden Einzelnen ist gegeben,
Reines Bewusstsein,
Reine Zulassung,
Innere Zulassung,
ist gegeben.

Und dies da geht,
schon einmal geht,
in deine,
auch inneren tieferen Strukturen geht.

Es geht sozusagen zwischen den Zellen hindurch.
Dieses Bewusstsein sickert durch Alles hindurch.
Durch Alles.

So, dass du kommst,
da immer tiefer hineinkommst.

Wenn Alles Sein darf wie es IST...

Dass dieses Bewusstsein kommt,
auch in dir kommt,
immer tiefer in dein Gewebe kommt.

In deine körperlichen Strukturen kommt.
In deine Zellen kommt.
Auch in deinen Geist kommt.
Auch in dein Verhalten kommt.

Und du kannst spüren,
dass da kommt,
ein anderes Bewusstsein,
ein anderes Verhalten,
Namens;

Alles muss so Sein wie es IST

Sich immer mehr bahnt,
den Weg in dich hinein,
durch alles hindurch bahnt.

So, dass sich dir öffnen,
alle Zugänge öffnen.

Tief in dir liegend sich öffnet,
Dein ganzes Dasein,
Körper sein,
Energie sein,
Geist sein,
Bewusstsein sein,
sich diesem Bewusstseinsfeld,
*namens **Alles muss so Sein wie es IST***
sich zu öffnen beginnt.

Wenn Alles Sein darf wie es IST...

56

Dieses Bewusstsein

sickert in dich hinein,
so wie das Regenwasser sickert in den Boden hinein.

Immer tiefer,
sickert es in dich hinein.

Immer tiefer,
sickert es in dein Hirn hinein.

Immer tiefer,
sickert es in dein Lebensverständnis hinein.

Immer tiefer,
sickert es in deinen Atem hinein.

Bis du bist,
dieser Atem selber bist.

Bis du bist,
dieses Bewusstsein,
dass **Alles Sein muss wie es IST,**
Voll und ganz mittig bist.

Jede Zelle von dir
Ausdruck dessen ist.

Und du spürst diese Kraft.
Und du spürst dieses Bewusstsein.

Vollends
In dir.

Wenn Alles Sein darf wie es IST...

Tief in dir.
Mit dir seiend.

Amen

Dieses Bewusstsein nimmt dich mit,
noch tiefer in dieses Gestade mit.

Immer weiter trägt es dich hinein.
Mit jeder Botschaft,
trägt es dich immer weiter da hinein.

In diese Schwärze da hinein.

In diese unendliche Ausdehnung
Namens Liebe hinein.

Mit jedem Atemzug,
gehst du da weiter hinein.

Und du schreitest voran,
mit dir in diesem Bewusstsein voran,
das dich löst,
aus allem herauslöst.

Aus allem,
was dir bis anhin war,
in diesem Sinne war,
ungelegen war.

Ja ungelegen

Wenn Alles Sein darf wie es IST...

Was dir bis anhin war,
vermeintlich war,
ein Dorn im Auge war.

Du dehnst dich aus.
Dein Fleisch und Blut dehnt sich aus.
Dein Geist dehnt sich aus.
Dein Liebe ist Sein dehnt sich aus.

Du wirst weich.
Zugewandt.
Dir selber und dem Leben zugewandt.

Ich meine zugewandt

Lasst wirken dieses Wort wirken.
Zugewandt.

Lasst wirken,
dessen Bedeutung.

Dessen wahre Bedeutung wirken,
in euch wirken.

Zugewandt nicht einfach ein Wort

Zugewandt.

Zugewandt lässt dich öffnen,
deine Zellen auf neuartige Art und Weise öffnen.

Es lässt dich dir selber gegenüber,
auf neuartige Art und Weise öffnen.

Wenn Alles Sein darf wie es IST...

59

Und entsprechend auch Allen gegenüber,
auf völlig neuartige Art und Weise öffnen.

In diesem Raum der Schwärze.
Der Dunkelheit,
wo du alles noch viel intensiver inniger fühlen kannst.

Spürst du?

Das Bewusstsein, wo...

Alles Sein **darf** wie es IST
Alles Sein **kann** wie es IST.
Alles Sein **soll** wie es IST.

Alles völlig schwerelos IST.
Wie im Weltall,
Frei da ist.

Nichts mehr gehalten ist.
Nichts mehr gehalten,
sprich festgehalten ist.

Raum ist,
Unendlicher Raum IST.

Und immer mehr dringst du ein,
in diese Atmosphäre ein.

Immer weiter gehst du hinein,
in das Weltall hinein,
in den Kosmos hinein,
in dieses tief in allem liegende Bewusstsein hinein.

Wenn Alles Sein darf wie es IST...

Und immer mehr kommt da hinein,
dieser Atem,
in dich von selber hinein.

Nichts mehr musst du Tun

Von selber kommt dieser Atem in dich hinein.
Aus diesem Urbewusstsein in dich hinein.
Von zutiefst innen her kommend,
in dich hinein,
aus dem weiten Raum her kommend,
in dich hinein.

Deine Strukturen sind am Lassen,
Ablassen.

Dein Mind ist am Lassen,
Ablassen.

Dein Sehen ist am Lassen,
Ablassen.

Überall kannst du sehen,
diese Schwärze sehen.

Diese Dunkelheit sehen.
Dieses Bewusstsein sehen.
Überall in dir.

Überall in dir kannst du fühlen,
dieses Bewusstsein fühlen.
Auch deine Organe können fühlen,
dieses Bewusstsein fühlen.

Wenn Alles Sein darf wie es IST...

Und sie saugen auf,
dieses Bewusstsein auf.
Diesen Atem in sich auf.
Und auch dein Hirn saugt auf,
diesen Atem auf,
dieses Bewusstsein auf.

Hei was für ein Fest

Was für ein spürbares Fest da ist,
in deinem körperlichen Dasein ist.

Gleichzeitig in deinem feinstofflichen Dasein ist.
In deinem Geist sein.
In deinem Bewusstsein sein.
In deinem Energie sein ist.

Und du spürst,
dass du hast gelassen,
die Kleinhaltung,
das Kleingestrickte,
hast gelassen.

In dir gelassen.
Um dich herum hast losgelassen,
von diesen kleinen Sichtweisen.

Von diesem kurzen Atem,
hast losgelassen.

Du dehnst dich aus

Wenn Alles Sein darf wie es IST...

Eins-Eins geworden,
mit diesem Bewusstseinsfeld,
dass **Alles Sein darf wie es IST**.

Dass **Alles Sein muss wie es IST**.

Dass Alles will kommen,
genauso wie du
will kommen,
Alles will kommen,
Alles im Universum,
will kommen,
Alles auf Erden,
will kommen,
Alles darf kommen,
zum Vorschein kommen.

Ins Licht kommen

In dieses Gestade.
Wo Alles hat
Atem hat.
Seinen ureigenen tief in Allem liegenden Atem hat.
Ausdruck dessen ist.

Dein Bauch dehnt sich aus.
Deine Beine dehnen sich aus.
Deine Füße dehnen sich aus.

Dein Solarplexus dehnt sich aus.
Dein Herz dehnt sich aus.
Dein Hals dehnt sich aus.
Dein Kopf dehnt sich aus.

Wenn Alles Sein darf wie es IST...

Freiraum du bist.
Freiraum.

Und dadurch stellt sich ein.
noch mehr Zuwendung,
innere Zuwendung ein,
für dieses Bewusstsein ein.

Für dieses Gewahr sein,
mit sich so Dasein,
auch in einem menschlichen Körper seiend Dasein,
Gleichzeitig Geist sein,
Gleichzeitig dieses unendliche Bewusstsein sein.

Du weißt und du spürst

dass du bist,
unendlich bist.

Diese Weite.
Diese Liebe.
Diese tief in Allem liegende Zulassung,
durch Alles hindurch gefühlt bist.

Amen

Fühlt.

Fühlt,
diese Schwärze.

Dieses unendliche Bewusstsein.
Diese unendliche Ausdehnung.

Wenn Alles Sein darf wie es IST...

Atmet.
Atmet.

Genau da drin,
Atmet.

Seid diese Schwärze

Diese Unendlichkeit,
Tief in euch liegend.
SEID.

Amen

Wenn Alles Sein darf wie es IST...

Wenn Alles Sein darf wie es IST...

Teil Fünf der Hineinführung

Heute wollen wir uns lassen

Im Raum der Stille,
mit uns Sein lassen.

Im Raum,
wo tief in uns selbst liegend,
Sein kann was IST.

Da wo wir uns einfach mal dürfen lassen,
fühlen lassen,
wahrnehmen lassen,
was da alles Kostbares in uns IST.
Und wir lassen uns gefühlt da hinein kommen.

Ganz tief in unser Gewebe Sein,
Energie Sein,
hinein kommen.

Da wo **Alles Sein kann was IST,**
in uns ist.

Kein Dafür oder Dagegen mehr,
in uns ist.

Da wo du bist,
diese tief in dir liegende Wahrnehmung bist.

Da wo sich dir beginnen zu zeigen,
deine Knochen zu zeigen.

Wenn Alles Sein darf wie es IST...

Auch die Verkrampfungen zu zeigen.
Die inneren Tendenzen zu zeigen.
Die Verdrehungen zu zeigen.

Dies Alles sein darf.

Was macht das mit dir

Wenn dies Alles sein darf.
Geatmet sein darf.

Von was hast du dich da gehalten,
ferngehalten?
Mit was wolltest du da sein,
bis anhin sein,
nicht in Berührung sein?

Was hat dich gekitzelt,
heraus gekitzelt?

In eine Tendenz gekitzelt?
Was durfte nicht sein,
so sein,
wie es in diesem Moment,
gerade wollte sein?

Was wolltest du nicht fühlen.
Was wolltest du nicht sehen.
Was wolltest du nicht wahrhaben,
in dir.

In deinem mit dir so auf Erden sein,
wahrhaben.

Wenn Alles Sein darf wie es IST...

Wolltest du dein Dasein nicht wahrhaben

Ich meine,
dein Dasein.

Dein Dasein,
dass dies ist auch körperlich ist.

Auch geistig ist.
Auch energetisch ist.
Dass du da bist,
auf dieser Erde bist,
mit allem Drumherum bist.

Mit der Schwerkraft bist.
Mit der Dichte bist.
Mit diesen Energiezentren bist.

Und schon kommt da hinein,
ein ganz anderes Energiebewusstsein hinein,
in dich hinein.

Und lässt dich gehen,
ganz tief hineingehen,
in diese Wahr-Habung hineingehen,
die dich nicht mehr schmälert,
die dich nicht mehr grösser macht wie du bist.

Die dich einfach Dasein lässt

In Relation zu Allem sein lässt.

Wenn Alles Sein darf wie es IST...

69

In diesem Sinne ohne Auf und Ab sein lässt.
Dich gewahr seiend,
ohne in Bezug Setzung,
da sein lässt.

Ganz andere Worte dies heute sind.
Ganz andere Worte.

Und du darfst dir kommen,
dadurch kommen,
wieder ganz nahe kommen.

Innerlich in dein gefühltes Dasein kommen.
In dein Körper sein.
Geist sein.
Bewusstsein sein.

Du darfst dich lassen,
genau Da Sein lassen,
Frei sein lassen.
Beweglich sein lassen.

Ganz Innen

Ganz Innen.
Was für eine Freude da ist.
Eine stille Freude.
Ein stilles Licht.
Ein stilles Sein dürfen.
Von sich selber wahrgenommen sein dürfen.

Amen

Wenn Alles Sein darf wie es IST...

Und genau Da möchte ich euch lassen,
heute lassen.

Da wo ihr euch nicht mehr müsst verbiegen,
vor irgendetwas in euch verbiegen,
weil sich da hatte,
irgendein Anteil hatte,
nicht ganz dafür hatte,
*das **Alles Sein darf wie es IST.***

Dass da hatte,
ein Anteil hatte,
in dir hatte,
noch eine Hemmung hatte.

Wie fühlt sich das an in dir?

Tiefe Gewahrseiung.
Aus deinem Lichtbewusstsein Sein,
darf genau da sein.

Spürst du?

Ein tiefes dich selber Sehen

Aus deinem Lichtbewusstsein Sein sehen.

Wie von außen gleichzeitig auch von innen sehen.

So dass du kannst sehen,
Dich sehen,
in Relation kannst sehen.

Wenn Alles Sein darf wie es IST...

71

Und ich gebe mich hin,
meinem Lichtbewusstsein Sein hin.
Voll und ganz hin.

So, dass Sein kann was IST.
In mir IST.
In Allem IST.

Feinstofflich sein.
Grobstofflich sein.
Mehr muss da nicht sein.

Und da dürft ihr geduscht sein,
von eurem ureigenen Lichtbewusstsein Sein
geduscht sein.

Gekämmt sein.
Durch alles hindurch,
geduscht sein,
gekämmt sein.

in diesem Sinne frisch gemacht,
frisch gemacht Dasein.

Frischgemacht,
für dein ureigenst mit dir Dasein Sein.

Und ich lausche Da hinein,
bis ich vollends erfüllt,
von innen herkommend,
vollends erfüllt,
vollends ausgefüllt,
mit mir Da bin.

Wenn Alles Sein darf wie es IST...

Im Moment bin.
Mein Licht Sein auf Erden bin.

Amen

Völlige Liebe da Ist

Liebe.

Dein gefühltes Liebe Sein da ist.
Eine ganz andere Dimension in dir ist.

Und da kommst du wieder ganz zu dir.
Zu deinem Ursprung Sein.
Lichtbewusstsein Sein,
In einem menschlichen Körper sein.
So auf Erden sein.

In völliger innerer Glückseligkeit mit dir da sein.
Haji, ist das schön so mit sich da zu sein.

Was für ein mit sich im Tag sein.
Voller Genuss sein.
Voller Freude an dir selber,
ich meine an deinem Ursprungsenergiebewusstsein Sein,
in einem menschlichen Körper sein.

Voller Genuss.
Voller innerer Zulassung.
So wau, was für ein Fest.

Was für eine Köstlichkeit.

Wenn Alles Sein darf wie es IST...

73

Was für eine innige zärtliche Liebelei,
die sowas von weich,
die sowas von dich selbst zulassend,
dein Wahr Sein zulassend.

Dein Klar Sein,
Empfangend.

Dein Klar Sein willkommen heißen.
Innig.

Innig.
Aus dem heraus gefühlt,
mit dir Dasein.

Körper seiend.
Geist seiend.
Ursprungsenergiebewusstsein sein,
in einem menschlichen Körper seiend,
Da seid.

Tiefliegende Wertschätzung da gelegen

Ich meine tief liegende Wertschätzung,
die Alles durchdringt,
in dir durchdringt.

Natürlich auch im Kosmos durchdringt.
Doch erstmal in dir durchdringt.

Denn da wollen wir nicht lenken,
ablenken.

Wenn Alles Sein darf wie es IST...

Du sollst sein,
tiefgefühlt in dir sein,
mit dir da sein.

Denn ohne dies,
kannst du nicht sein,
auf Erden sein.

Spürst du?

Selbstanerkennung genannt

Genau da beginnt dein neues Erdenleben.
Genau da.

In dieser Tiefe.
Dieser Wertschätzung.
Diesem tief gefühlten mit dir Dasein.

Amen

Euch Allen wünsch ich
ein tief gefühltes,
mit euch im Tag sein,
dass nichts in euch selber übergehen muss.

Vo Herze en schöna Tag

Wenn Alles Sein darf wie es IST...

Wenn Alles Sein darf wie es IST...

Teil Sechs der Hineinführung

Eine unendliche Liebe da ist

*Die sich ist am bauen,
vor zu,
ja vor zu,
noch viel inniger IST,
am Innerlich,
in sich selbst liegend,
am sich zum Ausdruck
bringen.*

Ja die Liebe.

*Die Liebe.
Die tief in allem liegende Liebe,
ist sich selber am bringen,
zutiefst innig,
sich selber am bringen,
noch mehr
ins Bewusstsein,*

*in das ureigene Bewusstsein,
in das ureigene Zärtlich Sein,
am bringen.*

Fühlst du?

Wenn Alles Sein darf wie es IST...

Ja, fühlst du
wie die Liebe,
das Bewusstsein der Liebe,
sich selber ist am bringen,
selber
ganz innig
und zärtlich
ist am bringen,
in sich selber tiefliegend,
am zum Vorschein bringen.

Dies,
dass da kann sein,
Tief in allem liegend
kann sein,
Alles was IST kann Sein.

Denn ohne die Liebe
kann nicht Sein,
Alles was IST,
Tief
ich meine Tief,
in Allem liegend Sein.

Nur die Liebe lässt zu

dieses Vereinen zu.
Dieses dazugehören.

Dieses selbstverständliche
dazugehören,
zu.

Wenn Alles Sein darf wie es IST...

Ja, nur die Liebe
lässt zu,
dieses ganz tief,
in einem selber liegende dazugehören,
Selbstverständliche dazugehören,
zu.

Alles andere,
was da immer mal wieder wird ausgeschlossen,
von einem selber ausgeschlossen,
im täglichen mit sich Dasein wird ausgeschlossen,
dies gelegen,
nicht in der Liebe gelegen.

Dies gelegen,
in der Distanzierung gelegen.
Im weg haben wollen gelegen.

Was nun einmal ist,
nicht die Liebe ist.

Und schon gar nicht Liebe IST

Liebe weiss darum.
Ja Liebe weiss um Alles.

Und je tiefer da ist,
die Liebe in dir selber ist,
gleichzeitig im Bewusstsein der Liebe ist,
können wir Menschen uns halten,
nicht mehr nicht in der Liebe halten.

Weil zu gross da wird,
das Bewusstsein der Liebe da wird.
Wenn Alles Sein darf wie es IST...

Ja,
weil zu gross da wird,
und bereits IST,
das Bewusstsein der Liebe IST.

Und es kann dir werden,
in der Tat werden,
zutiefst unangenehm werden.

Ja es kann dir werden,
zutiefst werden,
unangenehm werden,
wenn du dich nicht lässt sein,
in deiner Liebe Sein.

In der tief in allem liegenden Liebe,
lässt sein.

Wenn du dich lässt sein,
in einer dualen Sichtweise lässt sein.

Dann kann es werden,
schon mal ungemütlich werden der Tage.

Weil es beginnt zu zerren

In dir zu zerren.

In deinen Zellen,
zu zerren.

In deinem Unterbewusstsein Sein,
zu zerren.

Wenn Alles Sein darf wie es IST...

In deiner,
mit dir,
auf einer ganz bestimmten Art und Weise
im Leben sein,
beginnt zu zerren.

Nun gut fühlbar in dir geworden,
dieses Zerren,
in dir geworden,
wenn da ist,
irgend ein Anteil von dir ist,
in einer alten dualen Denkweise ist.

In einer alten dualen Sichtweise IST

Die nun einmal ist,
zutiefst zerrend ist.
Zerrend.
Ja, zerrend.
Zerrend.

Lass dich das mal fühlen.
Heute fühlen.

Auch mal kurz fühlen.
Dieses Zerren.

Dieses Zerren

Dieses Zerren,
dass da ist,
vielleicht noch gelegen ist,
in deinen Zellen,

Wenn Alles Sein darf wie es IST...

81

in gewissen Zellen,
gelegen ist.

Weil du hattest,
da immer mal wieder hattest,
noch eine Idee,
eine Idee hattest,
die wahrlich ist,
nicht im Bewusstsein der Liebe ist.

Die da noch in irgendeiner Trennung ist.
Distanzierung ist.
Abgrenzung ist.

Und dies alles will sich lösen

Ja, dies alles will sich lösen.

Dies alles will sich lösen der Tage,
aus deinen Zellen lösen.

Aus deinem Bewusstsein sein lösen.
Ja, aus deinem Bewusstsein sein lösen.

Lasst euch das mal fühlen,
wenn es sich beginnt zu lösen,
aus deinem Bewusstsein sein,
Reine Energie sein,
Reines Ursprungenergie Bewusstsein sein,
wenn es sich beginnt zu lösen,
aus deinem Bewusstsein
beginnt zu lösen.

Wenn Alles Sein darf wie es IST...

Wenn da lassen los,
Duale Sichtweisen,
in dir los.

Wenn sie nicht mehr können greifen,
in diesem Sinne dich greifen.

Auch nicht mehr können greifen,
Duale Sichtweisen,
auch nicht mehr können greifen,
Auf deinen Körper greifen.

Auf deine Zellen,
auf deine fein- und feststofflichen Zellen
mehr können greifen.

Weil sie in diesem Sinne,
nicht mehr können attackieren,
deine Körperzellen,
deine feststofflichen und feinstofflichen Zellen,
selber nicht mehr können attackieren.

Weil du in diesem Sinne bist geworden

Immun geworden.

Spürst du?

Ja weil du,
in der Zwischenzeit bist geworden,
Immun auf die eigene Dualität bist geworden.

Sie kann dich nicht mehr greifen.

Wenn Alles Sein darf wie es IST...

Sie muss dich nicht mehr greifen,
weil du dich hast gelassen,
selber gelassen,
in Ruhe gelassen.

Weil du dich selber hast gelassen,
auf dein Liebe Sein,
hast eingelassen.

Weil du dich selber hast gelassen,
auf dein Raum Sein,
reines Bewusstsein Sein,
hast eingelassen.

Spürst du?

Spürst du was das ist,
für eine innere Raumgebung ist.

Ja, spürst du?

Wie dich das hüllt ein,
dein körperliches Sein sein,
hüllt ein.

Wie das streichelt,
dein Inneres streichelt.

Dein inneres gefühltes Bewusstsein Sein,
streichelt.

Wenn Alles Sein darf wie es IST...

84

Das heisst tief gefühlt mit sich Da Sein

Sein Ursprungsenergie Bewusstsein Sein.
Sein Licht Sein.
Seine Liebe Sein.

Gleichzeitig auch in einem menschlichen Körper Sein
und dieses Körperbewusstsein Sein,
streichelt.
Und da zieht nun ein...

Ein gigantischer Raum ein.
Ein so genannter Lichtraum ein.
Ein so genanntes Lichtbewusstsein Sein ein.

Könnt ihr fühlen?

Und da dehnt ihr euch aus.

Eure Zell-Bildung dehnt sich aus

Euer Berührt-Sein,
von eurem ureigenen Ursprungsenergie Bewusstsein Sein
Licht Sein,
diese Urgrund Liebe Sein,
tief gefühlt in euch Sein,
mit euch Sein,
dehnt sich aus,
nicht nur in euren Zellen aus.

Dadurch ist sich am bilden,
eine völlig neue Zellbildung am bilden.

Wenn Alles Sein darf wie es IST...

85

Feinstofflich.
Grobstofflich,
durch alles hindurch schwingend,
ist sich da gerade am bilden,
ein so genannt völlig neues
Zellstoffliches,
mit euch Dasein am bilden.
Das durchdringt,
eure eigene Atmosphäre durch dringt.

Euren Minde durchdringt.

Euer Hirn durchdringt.

Euer Bewusstsein Sein durchdringt.
Eure Kehle durchdringt.

Euer ganzes Dasein,
von innen her kommend,
durchdringt.

Und ihr beginnt,
ganz deutlich wahrnehmbar zu schwingen.

Noch mehr in euch zu schwingen.
Noch mehr wie bis anhin zu schwingen.
Und es kommt hinein,
zwischen die Zellen hinein,
noch mehr Freiraum hinein.

Noch mehr göttlicher Atem hinein

Wenn Alles Sein darf wie es IST...

Und ihr kommt dadurch hinein,
nochmals viel inniger,
in diese wahrlich göttliche Liebe hinein.

In dieses Licht Bewusstsein Sein hinein.
In diese Atmosphäre.

Und ihr werdet gehoben,
in gigantische Dimensionen,
Lebensmöglichkeiten,
gehoben.

Ins Bewusstsein gehoben,
welches sich befindet,
Fern ab vom bisherigen menschlichen Bewusstsein sein,
befindet.

Welches sich befindet,
in der reinen Liebe befindet.

Und es zieht euch buchstäblich da hinein.
In diese Reine Liebe Sein,
hinein.

Da,
wo du musst lassen,
Alles lassen.

Sämtliche Verteidigungsmechanismen

musst lassen,
selbstverständlich lassen.

Wenn Alles Sein darf wie es IST...

Weil du spürst,
dass dies ist,
nicht in Kohärenz ist,
mit deinem tief gefühlten,
mit dir in Liebe Sein,
ist.

Dass dies schwingt,
genau schwingt,
in entgegengesetzte Richtung schwingt.

Und dich daher bringt,
aus deiner gefühlten Liebe Sein
bringt.

Und auch dein körperliches Dasein bringt,
aus dieser gefühlten Liebe Sein bringt.

Könnt ihr fühlen?

Und ihr werdet genommen,
da sozusagen genommen,
wie ein gigantischer Vogelschwarm
werdet ihr genommen,
miteinander genommen,
in dieses Feld der Liebe,
in dieses angehobene Feld der Liebe
genommen.

Und ihr schwingt alle zusammen da hinein

Wenn Alles Sein darf wie es IST...

In dieses Bewusstsein sein hinein,
dass euch beflügelt,
dass euch beseelt,
dass euch bestärkt,
*in eurem **Liebe IST Sein** bestärkt,*

welches nichts mehr hat zu tun,
mit eurer bisherigen Selbstsicht,
Selbstidentifizierung hat zu tun.

Ihr seid gewachsen,
da gewachsen,
bereits seit langem
darüber hinaus gewachsen.

Und ihr bewegt euch nun,
in diesen freien Raum der Liebe.

Und ihr könnt fühlen,
diese Liebe.

Nicht nur tief in euch selber liegend fühlen

Ihr könnt sie auch fühlen,
um euch herum fühlen.

In eurer Atmosphäre Sein.

In dieser Atmosphäre Sein,
fühlen.

Wenn Alles Sein darf wie es IST...

89

Auch wenn da sind,
noch Menschen sind,
auf dieser Erde sind,
die noch nicht können fühlen,
die noch nicht wollen fühlen,
diese gigantische Liebe fühlen.

Die sich da uns am Eröffnen IST.

So könnt ihr fühlen,
einfach eure Liebe Sein fühlen,
in eurem täglichen mit euch Dasein,
fühlen.

Und aus dem heraus,
seid ihr mit euch DA.

Amen

Ja aus dem heraus,
seid ihr selbstverständlich,
in jedem Moment
in Liebe
mit euch selber DA.

Und ihr reagiert nicht mehr
auf duale Sichtweisen.

Weil ihr seid,
frei seid.

Liebe Seid

Wenn Alles Sein darf wie es IST...

In diesem Sinne Seid,
frei gelassen Seid.

Von der dualen Sichtweise,
frei gelassen Seid.

In Ruhe gelassen Seid

Nicht mehr tangierbar seid,
Wie zu Beginn gesprochen.

Weil ihr seid,
Immun Seid.

Und diese dualen Viren

Es sind eine Form von Viren,
können nicht mehr greifen,
Euer Zell Gut angreifen.

Ja in der Tat,
sie schmieren ab.
An der Oberfläche ab.

An eurem Immunsystem ab.

Immun geworden.
Immun.

Wenn Alles Sein darf wie es IST...

Was euch innerlich ermöglicht,
einen gigantischen Zuwachs
an Bewusstsein,
Liebe IST Sein,
Gefühltes Ursprungenergie Bewusstsein Sein,
in einem menschlichen Körper Sein,
mit einem menschlichen Körper Sein,
gleichzeitig Körperbewusstsein Sein,
ermöglicht.

Und alles andere ist nicht mehr da

Alles andere womit ihr euch habt beschäftigt,
all die Jahre habt beschäftigt.

Weil ihr wart,
in diesem Sinne nicht immun wart,
muss nicht mehr Sein,
in eurem Leben Sein.

Diese Sichtweise.
Diese Verhaltensweise,
muss nicht mehr Sein,
in eurem Leben Sein.

Und es zieht ein,
reine Liebe ein.
Es zieht ein,
reine Liebe
in eurem Leben Sein,
ein.

In euer mit euch Dasein,
ein.
Wenn Alles Sein darf wie es IST...

Ja,
es zieht ein.

In diesem Sinne,
eure Seele Sein hat genommen,
den Raum eingenommen.

Euer Licht Sein,
euer Liebe Sein,
euer Licht Bewusstsein Sein,
hat genommen,
euren ganzen Raum,
eingenommen.

Und das...
lasst euch fühlen.

Jetzt fühlen.
Heute fühlen.
Immer wieder fühlen.

Das...

Wo immer ihr seid,
aus dieser Liebe heraus,
ihr mit euch Da Seid.

Dass ihr nicht mehr müsst gehen,
in eine duale Sichtweise,
sprich,
in ein Bekämpfen gehen.

Wenn Alles Sein darf wie es IST...

93

In ein gegen etwas Sein gehen

Weil sich dies hat,
aufgelöst hat.
Vielleicht noch ein altes Verhaltensmuster mag sein.

Doch...
unmittelbar spürst du,
dass dies IST,
dir selbst
nicht wohl gesinnt IST.

Der ganzen Liebesatmosphäre gegenüber,
nicht wohl gesinnt IST.

Weshalb solltest du dich dann noch so benehmen?

Weshalb solltest du dann noch so sprechen,
und dich selber reizen?

Körperlich reizen.
Geistig reizen.

Wieso solltest du dich noch reizen

Spürst du?

Es gibt keinen Grund mehr,
dich selber zu reizen.

Es gibt keinen Grund mehr,
andere zu reizen.

Wenn Alles Sein darf wie es IST...

Seid Liebe.
Seid.

Amen
Was für ein liebevolles Sagen

Was für ein liebevolles Bewusstsein.

Spürst du?

Wie zutiefst liebevoll,
du da bist empfangen?

Ja spürst du?

Amen

Und es atmet ein,
Liebe.

Und es atmet aus,
Liebe.

Und du atmest ein,
Liebe.

Und du atmest aus,
Liebe.

Zu einem Liebesorganismus geworden

Wenn Alles Sein darf wie es IST...

Mit jedem Atemzug,
wirst du noch mehr Liebe.

Mit jedem Atemzug.

Mit jedem Atemzug,
wirst du noch inniger durchdrungen,
von der Liebe,
vom Bewusstsein der Liebe,
durchdrungen.

Mit jedem Ausstossen,
Atem ausstossen,
gibst du ab,
noch mehr
Liebe ab.

Liebe auch in die Atmosphäre ab

Bewusstsein,
Liebesbewusstsein,
in das Umfeld ab.

In den Raum ab,
wo du dich befindest.

Das heisst,
Liebe SEIN.
Ein Liebesorganismus SEIN,
im Bewusstsein der Liebe SEIN.

Amen

Wenn Alles Sein darf wie es IST...

Und für heute lasse ich euch gehen,
als dieser Liebesorganismus gehen,
in den weiteren Tag hinein gehen.

Seid gesegnet

Amen

Wenn Alles Sein darf wie es IST...

Wenn Alles Sein darf wie es IST...

Karoline Steinmann Frey

Mich interessiert, um was es im Leben wirklich geht...
Ich bin 1963 geboren - verheiratet - und erhalte seit
vielen Jahren so genannte Ursein Sagen – Botschaften
„zur aktuellen Zeit" aus der Sicht der Liebe.

Mystagogin*, Licht-Botschafterin, Aufweckerin

Mystagogie ist die Kunst, Menschen in das Geheimnis
ihres eigenen Lebens, der Welt und zugleich Gottes
hineinzuführen.

In meinem Wirken bin ich in gefühltem Kontakt mit dem,
was hinter allem steht. Mit dem Licht - der geistigen Welt
- dem Göttlichen. Über dies kann ich mein Licht Sein
empfangen. Mein Licht heilt von Unterdrückung, alter
Moral und die täuschende Sicht auf das, was WIRKLICH
IST.

Wenn Alles Sein darf wie es IST...

99

Ich BIN eine Heilerin der Sicht, eine Mystagogin und eine Botschafterin...

des Lichts
der Würde
der Hingabe
des natürlichen Sein
des miteinander Seins
des würdig Seins

Wenn Alles Sein darf wie es IST...

Mein Wirken

In meiner Tätigkeit bin ich an einem Punkt der Barmherzigkeit - Treffpunkt universeller Energie - das Eigentliche.

So habe ich die Gabe wahrzunehmen und zu hören, was in diesem Moment gelebt werden möchte - doch von den Meisten übersehen oder für unbedeutend gehalten wird.

Dies drückt sich dann durch mich in unterschiedlichen Formen aus. Über die Sprache, in so genannten Licht-Botschaften, meistens in Poesie, einer Form von Ursprache – Seelensprache – Zellsprache.

Sie kommuniziert direkt mit den Zellen und dem Unterbewusstsein - über die Arbeit mit dem Körper oder über das Energiefeld.

Ich ermögliche den Menschen dadurch, mit ihrer eigenen Spiritualität - dem Geheimnis der Liebe - der Wahrheit des Lebens, auf die alle Weisheiten hinzeigen, in Kontakt zu kommen.

Ich als Person habe nichts zu sagen.

Ich - man ist besser still.
Dann erst kommt das wahre Sagen.
Aus der Stille. Aus dem Bewusstsein für das Feld.

Wenn Alles Sein darf wie es IST...

Zu meinem Weg

Auf der Suche nach Wahrheit

Seit jeher interessiert mich was Wahrheit IST - Was hinter allem steht und was damit WIRKLICH gemeint ist. Mich interessiert auch, was Leben WIRKLICH IST. Was die Essenz IST. Der wahre Dialog und für was wir Menschen da auf der Erde sind.

Ich glaubte nicht an das was die Menschen mir erzählten.

Seit ich mich erinnern kann, habe ich nie an das geglaubt was mir die Menschen erzählt haben. Immer wusste ich in mir, dass es da eine andere Wahrheit geben muss.

Es fühlte sich einfach nie richtig an. In diesem Sinne, nie vollständig. Nie Alles einbeziehend an.

Es fühlte sich nach Sichtweisen, nach einem ganz spezifischen das Leben sehen, oder das Leben sehen wollen und es ganz sicher nicht anders sehen wollen an.

So hatte ich oft das Gefühl, wo bin ich denn da gelandet. Was ist das denn für eine Welt. Nicht meine Welt, eine kuriose Welt, eine verdrehte Welt...

Wenn Alles Sein darf wie es IST...

Auf Spurensuche wie Leben in seinem Ursprung gemeint ist.

Auf Spurensuche bin ich gegangen. Habe mich frühzeitig ganz unbewusst aufgemacht die Wahrheit zu erforschen,

Denn ich wollte Wissen was Leben WIRKLICH IST.
Wie Leben in seinem Ursprung gemeint IST.

Wozu wir auf diesen Planeten gekommen sind und was unsere Aufgabe auf diesem Planeten IST.

Und natürlich wollte ich wissen, was uns Menschen in unserer Ganzheit zugänglich IST.

Wenn Alles Sein darf wie es IST...

Wenn Alles Sein darf wie es IST...

Mehr Informationen über Karoline und ihr Wirken findest du:

www.spirituelleszentrum.ch

Weitere Licht-Botschaft Bücher:

- *Das Bewusstsein vom alten Paradies*
- *Was Leben WIRKLICH IST...*
- *Kosmisches Licht Sein*
- *Wenn alte Ängste sind...*

Und weitere sind in Bearbeitung

Wenn Alles Sein darf wie es IST...

Gedanken der Lektorin:

Das neue Buch von Karoline,
„Wenn Alles Sein darf wie es IST", ist ein weiteres
Geschenk an uns Menschen.

Seit vielen Jahren darf ich als Teil vom Spirituellen
Zentrum den immer tiefer, feiner, weiter gehenden Weg
zum eigenen wahren Selbst durch die Lichtbotschaften
von Karoline und durch den persönlichen Austausch
mitgehen.

Und immer näher komme ich meinem wahren Sein,
meinem wahren, sinngebenden auf dieser Erde sein.

Der Tage kamen wir frühmorgens zusammen, um den
Worten aus dem Licht zu lauschen, was es uns
Verheißungsvolles zu „Alles darf - Muss sein wie es IST"
zu sagen hat.

Und wir wurden sowas von reich beschenkt.
Unter anderem kamen bei mir durch die Botschaftsworte
tiefsitzende Fragen zu Bibelbildern aus meiner Kindheit
hoch.
So kam mir bei Teil 3 der Hineinführungen das Bild von
Jona, wo er sogar im Fischbauch von Gott gesehen
wurde, mit all seinen ICH-Anteilen.

Tag 4 kam das Bild von Zachäus, dem Zöllner, der sich
aufmachte und von Jesus gesehen wurde...

Wenn Alles Sein darf wie es IST...

Im Teil 5 eröffnet sich ein stiller, weiter Raum, wo wir liebevoll in unseren ureigenen tiefgefühlten Raum begleitet werden, um uns immer tiefer und näher zu kommen, um wahrlich die zu sein, wofür wir auf Erden gekommen.

Karolines unermüdliche, liebevolle und selbstlose Hingabe fürs „Eigentliche", zum Wohle Aller, zum Wohle von Allem ermöglicht mir einen gangbaren Weg.

Eröffnet in mir Zugänge, um der Selbstliebe und somit der bedingungslosen Liebe innig näher zu kommen.

Ein Werk:

wo Alles Sein Darf wie es IST
wo Alles sein Soll wie es IST
wo Alles sein Muss wie es IST

Reiner Wachstumsorganismus wir sind,
auf dieser Erde sind.

Fabia Caminada

Herausgeber: Karoline Steinmann Frey

Urheberrecht

Hinweis

Leerzeilen und Umbrüche entstehen u. U. aufgrund der unterschiedlich genutzten Geräte wie Tablett-PC, Smartphone, Minitablett, Kindle, iPad usw. Der Autor hat auf diese Tatsache keinen Einfluss.

Haftungsausschluss

Wenn Alles Sein darf wie es IST...